新装版

原坂一郎 著

保育のお笑いネタ 50

黎明書房

はじめに

　初めて保育士になったとき，私は，子どもを一日30回笑顔にしようと思っていました。もともと人を笑わせるのが大好きだった私は，子どもたちにもたくさん笑顔になってもらうことができました。30回どころか，毎日100回は私の前で笑顔になってくれました。

　特に子どもたちが笑ってくれたのが，私が考えた子ども向けお笑いネタをしたときです。それをすると，もうほとんどの子どもが笑顔になってくれました。

　子どもは，自分を笑わせてくれる人，自分を笑顔にしてくれた人を大好きになります。だから子どもを笑顔にできる先生は，必ず子どもに好かれます。子どもに好かれる先生は，保育がいつもスムーズに進みます。子どもは，自分を笑顔にしてくれる人の言うことは，よく聞こうとするからです。

　子どもを笑顔にする手段はなんでもいいと思います。

　大人と違って作り笑いのできない子どもは，心の中に「うれしい」「楽しい」「面白い」のどれかを感じないと笑顔になりません。だから，どんな手段であれ，子どもを笑顔にでき

る先生は，とにかく子どもに「うれしい」「楽しい」「面白い」のどれかを与えることのできる素敵な先生なのです。

　今すぐ子どもを笑わせたくなったとき，子どもの笑顔を見たくなったときは，ぜひこの「お笑いネタ」をやってほしいと思います。たくさんあるのですが，とびっきりの50本をご紹介します。

　もちろん，ご家庭で，お父さんお母さんがするのもOKです。子どもは自分のお父さんやお母さんが，こんなユーモアたっぷりのことをしてくれるのをとても喜びます。ますます大好きになることでしょう。

　子ども向けの「お笑い」は，その子どもが何歳かによって，反応が違ってきます。「笑いの旬」とでも呼ぶべきものがありますので，ご参考までにそれぞれに記しています。

　この本で，子どもも先生も，たくさん笑ってほしいと思います。

　なお，本書は，先に「黎明ポケットシリーズ」の第4巻として出されたものを，判を大きくしてより読みやすくしたものです。末永いご愛読を，お願いいたします。

原坂一郎

もくじ

はじめに　3

子どもたちを一斉に笑わせたいときに

❶ きょうのデザートはナシ！　10
❷ 小さなジャンボ絵本　12
❸ 突然イングリッシュ　14
❹ 鬼は見ていた⁉　16
❺ 遅すぎる10秒　18
❻ 早すぎる10秒　20
❼ い〜き〜ま〜すぅ……えん！　22
❽ 相棒大発見！　24
❾ 突然鬼ごっこ　26
❿ 捕りもの帳　28
⓫ セロハンテープ速達便　30

目の前の子どもを笑わせたいときに

⓬ あ〜，潰(つぶ)したなあ！　34

⑬ めちゃくちゃパズル　36
⑭ ゴミ箱たま入れ　38
⑮ すかしタッチ　40
⑯ ハナがついてるよ　42
⑰ 痛いなら病院へ！　44
⑱ お散歩急停車　46
⑲ 先生は駄々っ子⁉　48

日常の保育の中のよくある場面で

⑳ すわりま……せん！　52
㉑ 一番速い子だ～れだ　54
㉒ ヨーイ……ポンっ！　56
㉓ I'm　チャンピオン　58
㉔ 魔法のおまじない　60
㉕ 僕はイケメン⁉　62
㉖ 救急車出動⁉　64
㉗ 選ばれし僕（私）　66
㉘ 痛いの痛いの，○○先生へ飛んでいけ～　68
㉙ 信号カウントダウン　70

もくじ

笑顔を誘う指導をしたいときに

- ㉚ 牛乳飲んだら大きくなった　74
- ㉛ お返事にびっくり⁉　76
- ㉜ プールおにごっこ　78
- ㉝ グルグルなでなで　80
- ㉞ こっちへおいで！　82
- ㉟ 仲直りのギュ〜！　84
- ㊱ 芝居は終わった⁉　86
- ㊲ 寝た子はだれかな？　88
- ㊳ うわ！　大きくなってる！　90
- ㊴ おしっこ超特急！　92

お笑いが大好きな先生に

- ㊵ 早く読んで〜⁉　96
- ㊶ 走ったらダメ！　98
- ㊷ トイレに流されちゃった⁉　100
- ㊸ 閉まらない扉　102
- ㊹ こんにちは……，あっ落ちた！　104
- ㊺ ポーン……，あイタッ！　106
- ㊻ ゴンッ！　あイタッ！　108

㊼ どんな匂いかな？ 110
㊽ ○○ちゃんは，いずこ？ 112
㊾ 首おばけ〜⁉ 114
㊿ だれのウンチ⁉ 116

＊イラスト：雪野ヒデ

子どもたちを一斉に笑わせたいときに

　クラスの子どもたちみんなを，一斉にひと笑いさせたいときに使うネタです。
　これだけでもう，クラス全体に楽しい雰囲気が広がり，そのあとの保育が，うんと進めやすくなります。

笑いの句　3〜12歳

 きょうのデザートはナシ！

> 食事のデザートが梨だったときには，ぜひ使ってほしい《シャレ遊び》です。
> 「みんな先生の言うことを聞かないから，きょうのデザートはナシです！」と，突然怒ったように言い，その直後に，子どもたちの目の前に梨を出します。
> 子どもたちが「先生，あるよ〜」「あったよ〜」と騒ぎ出したら，「だから，きょうのデザートはナシって言ったでしょ？」

ポイント

① その直前に，叱られるようなことは何もしていないのに，先生が突然怒り出すところにも，おもしろさがあります。
② 「きょうのデザートはナシ」と言って，ブーイングが出たらしめたもの。「いいえ，ナ〜シ〜で〜す」と，なしを強調しておきましょう。
③ オチの部分は「はい，ナシで〜す」と短く言ったりする方が，そのシャレに気づきやすい子どももいます。

子どもたちを一斉に笑わせたいときに

笑いのツボ

「きょうのデザートはナシ！ って言ったのにあるじゃないの，先生。えっ？ だから梨って言った？ な〜るほど！」

笑いの旬 4〜9歳

 **小さなジャンボ絵本**

雑誌の付録についているような，小さな絵本や豆絵本などが手元にあるときに使います。

子どもたちに「きょうは，みんなが見やすいように，と〜っても大きな絵本を持ってきました」と言います。子どもたちがワクワクしたころを見計らって，その小さな絵本を，サッと出します。子どもたちは，もう大笑いします。

ポイント

① 絵本を出す前に，大げさに「大きいよ〜」「びっくりしないでね〜」などと言って，さんざん期待感をあおっておきましょう。

② 子どもたちが，「ちっちゃ〜い」「全然大きくないよ〜」などと言ってきても，かまわず普通に読んでいくと，かえっておもしろさが増します。

③ 最初の数行を読んだくらいで，「そんなに小さい？ じゃあ普通の絵本を読むね」と言って，そこで初めて，その日，読むつもりだった絵本を出します。子どもたちは，普

通の絵本のありがたさがわかる……かも，です（笑）。

子どもたちを一斉に笑わせたいときに

笑いのツボ

「先生が『大きな絵本』って言うから，どんな絵本かな〜と思っていたら，大きいどころか，あんなにちっちゃいじゃないの〜。先生，うそばっかり！」

笑いの旬 3～7歳

3 突然イングリッシュ

　中学校1年生程度の英語ならわかる，話せる，という先生なら使えます。子どもを集めたあと，突然英語で話しだします。
　"Hello everybody! How are you?……"知っている英語だけを使い，文法など気にせず，適当なフレーズをつないでしゃべり続けます。子どもが「何言ってるの～」「わからな～い」と言ってきても話し続けます。
　子どもは不思議そうな顔をしながら，最後まで，ニコニコ笑顔で聞いてくれます。

ポイント

① 身振り手振りも，外国人のように，大げさに行います。子どもが「わからな～い」などと言ってくるたびに，両手を上に向けて広げ「オーマイガッ！（Oh my god！）」と言ったりすると，ますます外国人っぽくなってきます。
② ずっと，英語でしゃべっていると，子どもは不安になるのか，「ちゃんとしゃべって～」「日本語で言って～」と言ってきます。そのときが潮時。日本語に戻しましょう。

③ 英語から日本語に戻ると、子どもは、何とも言えない安堵の笑顔を見せてくれます。その笑顔も、楽しんでくださいね。

> 子どもたちを一斉に笑わせたいときに

笑いのツボ

「ありゃまあ！　先生が、突然、英語をしゃべりだしたよ～。何を言っているか、ぜんぜんわからないけど、おもしろいなあ。まるで外国の人みたいだあ。」

笑いの旬 4～7歳

4 鬼は見ていた!?

　かごめかごめの遊びをして，先生が鬼になったときに使います。
　中央でしゃがんで手で顔を覆っているときに手をずらし，片目をしっかり開けて堂々と前を見るのです。子どもたちは，そのユーモラスな姿と先生の"遊び心"に，「先生，ずる～い」「ダメ～！」と言いながらも大笑いします。

ポイント

① かごめかごめは，鬼が目を開けていても，後ろの子どもなんて当てられないのに，いかにも，ずるいように見えるのが，この遊びのおもしろいところです。
② 子どもに指摘されたら「あ，ごめんごめん」といって，素直に目隠しをし直し，再びそ～っと手をずらしていくと，おもしろさが倍増します。
③ 子どもは鬼になったとき，ちゃんと目隠しをするのはいいけれど，歌が終わったあと，堂々と後ろを見たりします。それが子どものおもしろいところですね。

子どもたちを一斉に笑わせたいときに

笑いのツボ

「あ〜，先生，目を開けて見てる〜！　ずる〜い！でも先生って，おっもしろいなあ。」

笑いの旬 4〜12歳

 遅すぎる10秒

　「見ててね，みんなが10数える間にやっちゃうからね」と言い，その間に何かをすることにしたものの，とうていその時間内にできそうにないときに使います。
　子どもたちに「い〜ち，に〜，さ〜ん」と数えさせ，5になったころ，先生は大きな声で「ごおお〜〜〜〜〜，ろおおお〜〜〜〜く……」とゆっくり数えだします。
　「あ〜，先生，ずる〜い」と言いながらも，子どもたちは，そのおもしろさに大笑いします。

ポイント

① 子どもの数える声をかき消すくらい，大きな声を出すのがポイントです。子どもは割り込む声に惑わされやすいのです。
② その調子でゆっくり10まで数え，「ね，できたでしょ」と，しゃあしゃあと言うと，それがいいオチになり，もうひと笑いさせることができます。
③ 子どもの目の前で，何かをハサミで切るとき，布団を敷くときなど，この遊びを使える機会は結構多くあります。

笑いのツボ

「そんなにゆっくり数えたんじゃあ，なかなか，10にたどりつかないじゃないの。先生，ずるいなあ，でも，おっもしろいなあ。」

笑いの旬 4〜12歳

 早すぎる10秒

《遅すぎる10秒》の反対バージョンです。「先生が10数える間にやれるかな」などと言って，子どもたちに何かをさせるときに使います。

最初は，「い〜ち，に〜い，さ〜ん……」とゆっくり目に数え，そのあと「しーごーろくなな……」と急に早く数えだします。

とたんに子どもは笑顔になり，「先生，早すぎるよ〜」と文句を言いながらも笑っています。

ポイント

① 「しーごーろくなな」で，子どもは「あ，あ」とあわてたり，文句を言い出したりするので「8」あたりで1度止まり，「え？ 早かった？ ごめんね」ととぼけたりすると，楽しさが増します。

② 「じゃあ，もう1回数えるね」と言って，今度は最初から早く数えたり，もう1度，同じことをしたりします。子どももそれを半分期待しているので，笑いながら取り組みます。

③ 結果的に時間はたっぷり与えたことになるため、ほとんどの子どもは「できた」状態になります。それもねらいのひとつです。

笑いのツボ

「よ～し，先生が10数えるまでにやっちゃうぞ！……あ，あ，先生，そんな早く数えたらあっというまに10になっちゃって，できるわけないよ！　ずる～い。」

笑いの旬　4〜9歳

 **い〜き〜ま〜すぅ……えん！**

> 「先生，きょうお散歩いくの？」など，子どもから，何か期待を持つ質問をしてきたときに使います。答えがNOのとき，「い〜き〜ま〜……」と，もったいぶって答え，「すぅ」と言ったあと，「えん」と言います。
>
> 子どもは「す」でいったん喜び，そのあと「せん」で打ち消されても，今度はその面白さで笑い続けます。

ポイント

①　子どもからのちょっとした質問に，「し〜ま〜す……えん」などと，普段からこの答え方をしておくと，先生の答えを，いつもワクワクしながら聞く習慣がついてきます。

②　答えが子どもの期待通りのときは，「い〜き〜ま〜〜〜〜〜〜〜」と，超もったいぶってから，「す！」と言い切ります。「ヤッター！」と，大歓声が起こります。

③　この答え方が先生の「遊び」とわかってきたら，「い〜き〜ま〜」と言っただけで，子どもたちの方から「す！」「す！」と，自分が望む方を大きな声で言ってきます。かわいいですよ。

子どもたちを一斉に笑わせたいときに

笑いのツボ

「『いきます』と言ったと思って喜んだら、そのあと『えん』がついて、結局『いきません』かあ。でも、おもしろい答え方だなあ。」

笑いの旬　4〜12歳

 相棒大発見！

　2人組を作りたいときに使う遊びです。
　果物や乗り物やキャラクターが載っている絵や写真を切り取ってカード状にし，人数の半分の枚数を用意し，それぞれ半分に切っておきます。
　全員に配ったあと，自分のカードの相棒を探させます。残る絵の半分が見つかっただけでも，子どもは大喜びです。それを持っていた子どもに親近感がわき，お互い笑顔のまま遊びにうつれます。

ポイント

① 自由に2人組を作らせると，必ず最後まで残ってしまう子どもがいますが，これなら，全員楽しみながら，あっというまに2人組になってくれます。
② カードは，雑誌の中の絵や写真を，切り取って作ってもOK。白い紙にオリジナルの絵を簡単に描いて作ってもOKです。
③ 完成したカードを持たせておくと，それで遊んでしまうので，2人組になれたら，すぐに回収しましょう。

笑いのツボ

「なんかジクソーパズルみたいだね。あっ，○○ちゃんのカードとくっつけたら，絵が完成した！　よ〜し，○○ちゃんと2人組になって遊んじゃうぞ〜！」

笑いの旬　3〜6歳

突然鬼ごっこ

　遊戯室など，室内で動き回れる広めのスペースがあるところで行います。

　先生が，意味もなく突然「こら〜，待て〜」と言って，その場にいる子どもたちを追いかけ回します。たったそれだけで，子どもはキャーキャー言いながら逃げ始め，グルグルと室内をまわる……。

　突然始まった，鬼ごっこもどきの遊びに大喜び。瞬時の遊びでも，子どもたちはエネルギーが発散され，そのあとの遊びに集中しやすくなります。

ポイント

① 　子どもは追いかけられると，100%逃げるようになっています。狼が襲いかかるようなポーズをしながら，いきなり「待て〜」と言って，そばにいる子どもを追いかける感じで，すぐにこの遊びが始められます。

② 　これを屋外で行うと，子どもは分散し，自由に逃げる普通の鬼ごっこになってしまいます。室内だからこそ，一方向にぐるぐる回るだけの，かえって安全で楽しい鬼ごっこ

になるのです。
③　行うときは，くれぐれも「室内に障害物がない」「人数に見合った広さがある」など，安全面に気をつけましょう。

笑いのツボ

「先生が突然追いかけてくるんだもん，これはもう，逃げなくっちゃ，だよね。でも，鬼ごっこみたいで，おもしろかったなあ。」

笑いの旬 3〜8歳

10 捕りもの帳

　何か失敗をした子どもを，ただ追いかけ回る。それだけです。捕まらないよう逃げ回る子ども。それをしつこく子どものように追いかけ回る先生。

　たったそれだけで，追われる本人はもちろん，まわりの子どもたちも，まるで喜劇を見ているような感じで，大笑いになります。子どもは自分でなくても，人が追いかけたり逃げたりするのを見るのが大好きなのです。

ポイント

① 　追いかけ回すきっかけは，「何かのフタを開けっ放し」，「絵の具を少しこぼした」など何でもOK。「別に怒るほどのことではないもの」であればあるほどおもしろくなります。

② 　「コラ〜ッ！　待て〜！」と言いながら追いかけ，途中でフェイントをかけたり，物陰に隠れたり……。楽しい捕りもの帳になるよう，各自で工夫してみてください（笑）。

③ 　あまり，しつこすぎないようにするのもポイントです。時間にして数十秒くらいが限度です。

子どもたちを一斉に笑わせたいときに

笑いのツボ

「あっ，先生が追いかけてきたぞ！　逃げろ！　わ〜，どこまで追いかけてくるの！　わっ！　まだ追いかけてくる！　先生，みんなも笑ってるよ〜。」

笑いの旬 3〜6歳

 セロハンテープ速達便

　工作遊びなどをしている際，手早く子どもたち全員にセロハンテープを，1〜2切れずつ渡したいときに使います。

　セロハンテープは，子どもを並ばせて1人ひとりに手渡すと，とても時間がかかります。そこで，とにかく先生のまわりに来させ，手渡してはなく，次々と子どもの指や手首につけていくのです。

　あっと言う間に全員にいき渡る上，意外な渡され方に子どもたちも大喜びです。

ポイント

① 1人に数枚ずつ渡すときは，なおさら時間がかかります。そんなときは，腕，あご，などにもつけてやると，子どもは，もっと大喜びします。
② 接着力が落ちないよう，セロハンテープが手や指に接着する面は，最小限になるようにしましょう。
③ 時間が十分にあるとき，子どもの人数が少ないときは，できるだけ手渡ししてあげましょう（笑）。

子どもたちを一斉に笑わせたいときに

笑いのツボ

「うわーい！　こんなところにつけられちゃった！　うわ！　今度はアゴ!?　おひげみたいで,おもしろ〜い。」

目の前の子どもを
笑わせたいときに

　どの子どもにも使える,相手を選ばないネタです。

　特定の子どもと,いい関係を作りたいと思っているときに,ぜひ使ってください。

　その子との関係がグッと近づきます。

笑いの旬 3〜6歳

12 あ〜，潰(つぶ)したなあ！

　空になったティッシュの箱をその辺に置いておきます。近くにいる子どもの手を引きながら，「○○ちゃん，ちょっとこっち来て！」と，楽しげに誘いかけ，ティッシュの箱の前まで誘導したところで，「まあ，ちょっとすわって」と言いながら，強引にティッシュの箱の上にすわらせます。

　グシャッと箱が潰れたところで，「あ〜，○○ちゃん，箱をつぶしたらダメじゃないの！」と怒ります。子どもは大笑いしながら弁解します。

ポイント

① いかにも，何か楽しいことが待っているかような誘い方をします。
② 箱の上にすわらせるときは，両手で子どもの腰を抱え，そのまま箱の上に落とす感じですわらせます。
③ 子どもには，箱がペッチャンコになったことを，いかにも残念そうに言います。

目の前の子どもを笑わせたいときに

笑いのツボ

「先生に呼ばれて何かなあ，と思ってついていったら，ティッシュの箱にすわらされちゃった！ 箱が潰れたの，僕のせいだって⁉ ちょっと～先生，それはないでしょ！ でも，箱を潰す感触，気持ちよかったなあ。」

笑いの旬 3〜9歳

13 めちゃくちゃパズル

子どもがパズルを楽しんでいるときに使います。「先生もさせてね〜」と言いながら，全然違うピースを，全然違う場所に適当に入れます。
子どもは「あ〜，全然違うよ〜」と言いながらも，笑ってそのピースを取り除きます。

ポイント

① 子どもに取られてしまったあとは「違う？　ごめんごめん」と真面目な顔で謝ると，よりおもしろさが出ます。

② しかし，懲りずに「じゃあ，ここかな」と，同じことをします。
　子どもは笑いながら，なんとか先生を参加させまいとする動きが出るのが，おもしろいところです。

③ あまりしつこくはしないようにし，そのあとは横で見守り，上手に完成させたときは，ほめてあげましょう。

笑いのツボ

「ちょっとお,先生,そこぜんぜん違うじゃないの〜,なんにもわかっていないんだなあ,先生は〜。」

笑いの旬 4〜15歳

 ゴミ箱たま入れ

子どもがゴミを持っているとき，親切にゴミ箱を子どもの前に差し出し，「はい，たま入れだよ〜」と言って，そのゴミを入れさせます。
子どもがポイと放ったあと，ゴミ箱をひょいとずらし「はーい，残念！」。子どもはもう大笑いします。

ポイント

① いかにもやさしそうに言いながらゴミ箱を差し出し，子どもに油断させましょう。
② 入らなかったあと「ヘタだなあ！」と，言うと，あきれたような，照れ笑いのような，不思議な笑顔が出てきます。
③ 「じゃあ，見本を見せてあげよう」と言って，子どもにゴミ箱をもたせ，先生が投げ入れます。
　同じことをして仕返しをする子ども，真面目に持ってくれる子ども，どちらも，かわいいですよ。

笑いのツボ

「わーい，たま入れみたい！ と思ってポイってやったら，ありゃりゃ，先生，ずるいよ～，それじゃあ入らないでしょ！」

笑いの旬 5〜15歳

15 すかしタッチ

何かいいことや，うれしいことがあって，「イエ〜イ」と子どもとハイタッチを交わすときに使います。

子どもが手をあげ，喜んでタッチしようとしたそのとき，先生はサッと手をよけ，子どもに空振りをさせます。笑顔だった子どもは，また違う意味の笑顔になっていきます。

ポイント

① まさかその直後に，だまされるということなんか考えられないような，満面の笑顔でやりましょう。

② ハイタッチだけでなく，スポーツでよくあるような，受け手がおなかの前で，手のひらを上に向けて待つパターンのときにも使えます。

③ 「ごめんごめん，もう1回」と言ってやり直し，2回目は，きちんとやってあげましょう。

笑いのツボ

「イエ〜イ,と大喜びで,先生とハイタッチしようとしたら,すかされちゃった! ひどいよ,ひどいよ〜!」

笑いの旬　4〜12歳

 ハナがついてるよ

> 子どもの顔をマジマジと見つめながら、「あれえ？○○ちゃん、ハナがついているよ〜」と言います。
> 子どもは鼻をすすったり、鏡を見にいこうとしたりします。そのあと「ほらあ、まだついている」と言って、子どもの鼻を触ります。
> そして「あっ、ごめん、鼻はみんなについていたんだ」と言って謝ります。子どもは、にっこりとします。

ポイント

① 　3歳前後の子にこれをしても、彼らは何事もなかったような顔をして、向こうへいってしまいます。

　冗談やシャレは、通じる年齢と、通じない年齢というのがあるようです。

② 　花びらを1枚、子どもの顔につけ、同じように子どもの顔を見つめながら「ハナがついてるよ」と言うのも、笑いを誘います。

③ 　関西では、ジャンケンのチョキを「チー」とも言います。「あっ！　血が出た」と言って指を隠し、子どもが見

にきたら指をチョキにし,「ね,チーが出たでしょ！」も
いけますよ。

笑いのツボ

「ハナがついてるって言うから,鼻水が出ているのか
と思ったら鼻だって。これはみんなについてるでしょ！
ンもうっ,先生ったらあ！」

笑いの旬 3〜7歳

 痛いなら病院へ！

　子どもと手をつないで散歩中，つないでいるその手を突然，ギュ〜っと強めに握ります。

　「痛いっ！」と子どもが言ったなら，「えっ！　どこか痛いの？　大変大変！　このまま，お医者さんにいこうか？」と言います。お医者さんと聞いた子どもはあわてて「違うよ〜，先生がギュッとするからだよ〜」と，笑いながら言います。

ポイント

① 　本当に，唐突にできる遊びです。そのやりとりを見ていた子どもたちまで笑い出すので，散歩中，少し盛り上がりたくなったときに使いましょう。

② 　子どもは強めに握ると，すぐに「痛いっ！」と言うので，握り方は，最初から強すぎないようご注意を。

③ 　しつこく2〜3回行うと，その子どもは，必ず友達と交代しようとします。その友達も，同じようにしてもらうことを半分期待しているので，してあげましょう（笑）。

目の前の子どもを笑わせたいときに

笑いのツボ

「先生が強く握るから,痛いんだってばあ。自分が握っておいて,何が『大変大変!』だよ〜。言っとくけど,お医者さんなんて,とんでもないからね!」

笑いの旬 4〜7歳

 お散歩急停車

> 子どもたちと散歩をしているときに使います。
> 　先頭を歩いている先生が，四つ角や信号で止まるときに，急にピタっと止まります。すると，すぐ後ろを歩いていた子どもの顔が先生のお尻にあたります。
> 　「ちょっと，○○ちゃん，痛いじゃないの！」子どもは，笑いながら「だって〜……」。

ポイント

① 止まっても，子どもの顔がぶつからないと，おもしろくないので，急に止まった上，やや後ろへ戻る感じにするのがコツです。
　くれぐれも，それを子どもにバレないように……。
② 本当は，全然痛くなくっても「痛ったーい！」と大げさに言いましょう。
③ たとえば「たんぽぽがきれいだったから（止まった）……」など，口実さえ作れば，特に四つ角などでなくとも，道中いつでもどこでもできます。

目の前の子どもを笑わせたいときに

笑いのツボ

「先生ったら,急に止まるもんだから,僕の顔が先生のお尻に当たっちゃったじゃないの〜。それに,先生が悪いのに,僕のせいにしないでよ〜。」

笑いの旬 3〜8歳

先生は駄々っ子!?

「先生，これ貸してね」「先生，それ，ちょっと見せて〜」という，シチュエーションになったときに使います。

それを奪って身体で隠すようにし，身体を細かく揺すりながら「いやだい，いやだい！」と言って，駄々っ子のような感じで断るのです。

急に，赤ちゃんのようになった先生に，子どもは大笑いします。

ポイント

① 子どもが「貸してね」と，置いてあるものを，取っていきそうなときは，わざわざ，それを奪って「いやだい，いやだい」。

　使っていないのに嫌がるさまは，まさに駄々っ子です。

② 「(そんなこと言わないで)見せてよ〜」となったら，さらに，それを身体の後ろに隠し「イヤっ！　ぜったいにイヤっ」と，しばらくは，子どもになりきりましょう。

③ しつこすぎてもいけないので，急に，ニッコリ普段の笑

顔になって「はい，どうぞ」。
　「冗談タイム終了！」が，子どもにも通じます。

笑いのツボ

「子どもか!?」

日常の保育の中の よくある場面で

　日常の保育の中で使えるネタです。
　使おうと思えば，一日の中で，全部のネタが使えます。
　そんな日は，子どもたちは楽しい先生の言動にもう，一日中注目しているはずです。

笑いの旬 4〜12歳

 すわりま……せん！

　子どもたちを集合させたあと，すわらせようとするときに使います。「はーい，みなさん，すわりま……」と言い，自分もすわるような格好をした直後に「せん」と言って，先生は自分だけ立ちあがります。だまされてすわってしまった子どもたちは大笑いです。

ポイント

① 「みなさん，すわりま……」までは，真面目な感じで言います。ふだん通りであればあるほど，子どもは当然そのあと「しょう」がくると思います。

② 子どもたちがすわってしまったら，「あ〜，だ〜まされた，だまされた！」などと子どもたちを囃(はや)し立てるように言うと，子どもの笑いがより大きくなります。

③ そのあと，「今度は本当に，すわりま……」まで言ったあと，ふたたび「せん！」と言うと，ここでまたまた，だまされる子どもと，もうだまされない子どもがいて，子ども同士での笑い合いが見られます。

52

日常の保育の中のよくある場面で

笑いのツボ

「ありゃりゃ，先生が《すわりま》まで言ったから，ぜったいに《しょう》が続くと思ったのに，《せん》だって〜。僕，すわっちゃったよ〜。アッハッハ……。」

笑いの旬 4〜8歳

 一番速い子だ〜れだ

遠く離れたところに置き忘れたボールがひとつ。鉄棒にかけたままにしてしまった笛。「誰かとってきてえ」と言っても誰も手を挙げてくれないときは……。

突然子どもたちに聞いてみましょう。「この中で一番かけっこが速い人！」すると「はいっ！」と，必ず誰かが手を上げます。「じゃあ，あれを取ってきて，本当に速いかどうかみんなで見ているから」。子どもは大喜びで走って取りにいってくれます。

ポイント

① 本当に一生懸命に走って取ってきてくれたなら，お礼の言葉とともに，「本当に速かったね」のひと言を添えてあげましょう。

② 僕も私も……，となったときは，「じゃあ，今度のときは，○○ちゃんに頼むね。覚えておくからね」のひと言で，子どもは満足します。

③ この方法の有効性がわかっても，子どもをいつも使うのは控えましょう（笑）。

日常の保育の中のよくある場面で

笑いのツボ

「エヘヘ，よーし，僕が本当に速いところをみんなに見てもらえるチャンス！ 取ってきま〜す。」

笑いの旬 4〜9歳

22 ヨーイ……ポンっ！

　みんなでかけっこをするときに使います。最初に「先生が『よ〜い，ドン』と言ったら走るんだよ」と言っておきます。そして「よ〜い」，と言ったあと，間を置いて「ポン」と言います。

　それで子どもが走ってしまったら，「『よ〜い，ドン』だよ。『ポン』は違うの！」と叱るように言います。子どもは，笑ってあきれた顔をしながらも，素直に，もう1度並んでくれます。

ポイント

① 「よ〜い」と言ったあと，やや長めのタメを作りましょう。「ポン」の音が目立ち，後ろで並んでいる子どもまで大笑いします。

② 次の子どもたちも少しは期待しているので，その期待に応えるべく「よ〜い……プチュッ」などの変化球を投げてあげましょう。

③ ずっと行うと子どもなりにしつこさを感じるので，3組目くらいからは，普通に言いましょう。

日常の保育の中のよくある場面で

笑いのツボ

「『よーい，ドン』って言ったと思ったから，走ったのに……。先生，紛らわしい音，出さないでよ，ホントにもう！」

笑いの旬 3～6歳

 I'm チャンピオン

　子どもたちが逃げ，先生が鬼，という単純な鬼ごっこをするときに使います。

　大勢を無差別にタッチし，全員が疲れたころ「１度も鬼にタッチされなかった人！」と聞きます。

　手を挙げた子どもに向かって，元気よく「その人が，きょうのチャンピオ〜ン！」と言います。「チャンピオン」と呼ばれた子どもたちは大喜びです。

ポイント

① チャンピオンが大勢いたら，おもしろくないなんて子どもは思いません。とにかく自分が「チャンピオン」と呼ばれることがうれしいのです。鬼ごっこ以外の場面でも使ってみてください。

② つかまったら鬼を交代していく鬼ごっこは，年長クラス以外では何らかの混乱が起こりやすいもの。先生が鬼で子どもは逃げるだけ，という単純なルールで行うと２歳児でも楽しめます。

③ 子どもは先生が鬼のときが，一番ハイテンションになり

ます。疲れたらやめて「きょうのチャンピオンは〜」でいいので，いつでもどこでも，すぐにできる鬼ごっこです。

笑いのツボ

「ヤッタ〜！　僕が，きょうのチャンピオンだぞ！ヤッタ〜！」

笑いの旬 2～6歳

 魔法のおまじない

> 顔にボールが当たった，お友達とぶつかったなど，子どもが，ちょっとした痛みを訴えてきたときに使います。「先生は魔法のおまじないを知っています。これを言うと，何でもすぐに治ります。いくよ！ なおれ～なおれ～なおれ～」と言いながら，痛がるところを，やさしくなでてやります。
>
> 泣いていた子どもも笑顔になり，ほとんどの子どもはそれで治ったと言います。

ポイント

① ちょっとした出血など，応急手当が必要なときは，手当をしてあげてから，仕上げとして，これを使うと効果があります。

② 先生が重ね着をしているときは，「魔法の服」という手もあります。痛がるところを服の中に入れ，「なおれ～なおれ～」と言いながら，服の上からなで続けます。

③ 軽いやけどをしたときは「魔法の水」です。水道水を，患部に当てながら「なおれ～なおれ～……」。子どもは痛

みが緩和されたのは「魔法のお水」のおかげだと，思っています。

笑いのツボ

「へえ，先生，そんな不思議な魔法のおまじないを，知っているの？ あっ，ホントだ！ 僕，治ってきたよ！ ありがとう先生！」

笑いの旬 4〜9歳

 僕はイケメン!?

> 子どもたちから数人を選びたいときや，手を挙げる子どもがいなさそうなときに使います。
>
> 「じゃあ，この中でイケメンの男の子！」「この中で美人の女の子！」。必ず，数人は手を挙げます。
>
> 「じゃあ，その人にやってもらいましょう」。子どもは，自分が「選ばれた人」のように思え，自分で手を挙げた手前もあり，何でも喜んでやってくれます。

ポイント

① 「イケメン」「美人」の意味が通じないときは，「かっこいい男の子」「かわいい女の子」で，OKです。
② そのとき，迷ったり，手を挙げそびれたりした子どもも，必ずいるので，2回目も，もう1度同じように，聞いてみましょう。
③ 本当は，子どもがあまりやりたそうでないのに，この方法で選んでやってもらったときは，してもらったあと，たくさんほめてあげましょう。

日常の保育の中のよくある場面で

笑いのツボ

「美人の女の子？ 私のことだわ，はいっ！ わ〜い，選ばれちゃった〜♡」

笑いの旬 3〜6歳

 救急車出動!?

　子どもが転んだり，ぶつかったりして泣いていたときに使います。
　まずは，その患部の様子を見て，「これは大変！」と大げさに驚いたあと，「どうしよう？　救急車呼ぼうか？」とたずねます。子どもは，泣きながらも首を振ります。「救急車ダメ？　じゃあ，消防車呼ぼうか？」。子どもは，やはり首を振ります。「消防車もダメ？　じゃあ，ごみ収集車は？　ミキサー車は？」といろんな車を言っていくうちに，子どもはおもしろくってニッコリです。

ポイント

① そのケガが，見るからに大したことのなさそうなときにのみ使います。大ケガかもしれないとき，本当に痛いときにそんな冗談を言うと，子どもでも怒ります（笑）。
② そんな冗談ばかりも言っていないで，もちろんなにかしらの手当も，きちんとしてあげてくださいね（笑）。
③ 痛くて泣いているとき，子どもの一番イヤな言葉が「痛くない，痛くない」です。心の中では「痛いから痛いと言

っているのに」と怒っています。

笑いのツボ

「痛いけど救急車なんかいいよ。消防車？　もちろんいいに決まってるでしょ。ありゃりゃ，どうしてそんな車が出てくるの？　なんかおかしくって，痛いのが少し治ったよ。」

笑いの旬 4〜8歳

 選ばれし僕（私）

　いつも他の子どもたちの影に隠れて，おとなしく目立たない子どもに，自信を与えたいときに使います。
　「これができる人！」「やりたい人！」と言って大勢が手を挙げたとき，「誰にやってもらおうかな？　じゃあ，黄色い服を着ている人」など，その子どもにしか，当てはまらない特徴を言います。
　その子どもは，まさに自分が「選ばれた子ども」になった感じがしてうれしく，自信をもって笑顔でやってくれます。

ポイント

① 適当に「黄色い服」と言ったら，たまたま，その子どもだった，という感じの偶然性を，上手に演出しましょう。
② 選んだあと，その子どもが，ちゃんとできたり言えたりしたときは，ほめてあげましょう。ますます自分に自信を持つことができるようになります。
③ その次に誰かを選ぶときも，同じように「○○の人」と選んでいきましょう。

そうすると、さっきのことも、先生の作戦とは気づかれません。

笑いのツボ

「黄色い服だって？ あ、僕（私）の服、黄色だ！ やった！ 僕（私）が選ばれた！ うれしいな！」

笑いの旬 2〜6歳

痛いの痛いの，○○先生へ飛んでいけ〜

　子どもがちょっとした怪我などをして，痛がっているときに使います。

　偶然そばを他の先生が通りかかったら，大きな声で「痛いの痛いの，○○先生に飛んでいけ〜」と言います。それで，たいていの先生は「うっ！　イタタタ……」と，いかにも，その子どもの痛みが自分に移ったかのような演技をしてくれます。

　それを見た子どもは，痛みも忘れて，笑顔になっていきます。

ポイント

① 万が一，絶対にのってくれそうにない先生が最初に通ったときは，スルーします（笑）。次に通る先生に期待しましょう。

② そばに先生がいないときは，わざとらしくない程度に，子どもと一緒に移動し，絶対にのってくれそうな先生の前までいって，行いましょう。

③ なんらかの応急手当が必要な怪我のときは，おまじない

だけですまさず，ちゃんと手当してあげてくださいね。

笑いのツボ

「痛いのが本当に○○先生に移ったのかなあ？　おもしろいなあ。あ，でも，なんだか本当に痛くなくなった感じがするよ。」

笑いの旬 3〜9歳

 信号カウントダウン

> 子どもたちと散歩中，赤信号で止まったときに使います。
>
> 反対側の信号機が，黄色になったころを見計らって，「さあ，青になります。3，2，1，ゼロ，変われ！」と言います。すると目の前の信号が青になり，子どもたちは，まるで先生が魔法使いになったような，驚きの笑顔を見せます。

ポイント

① 信号機は，反対側の車用信号が黄色になった，6〜7秒後くらいに，こちらの信号機が青になるように，できています。変わるタイミングをぴったりにするため，「さあ，青になります」という言葉を入れるわけです。

② 「さあ，青になります」を言わないときは，「5，4，3，2，1，ゼロ，変われ！」で，タイミングがピッタリになります。

③ 子どもから必ず「どうしてわかったの？」という質問がきます。種明かしをせず，「先生は，なんでもわかるんだ

よ」とでも言って子どもに夢を与え続けましょう（笑）。

笑いのツボ

「うわあ、すごい！　先生、どうしてわかったの！ロケットのカウントダウンみたいだったし、カッコよかったよ。」

笑顔を誘う指導をしたいときに

　保育者は，指導者でもあります。指導のときは，笑顔を誘うのがポイントです。
　子どもは，とてもよく言うことを聞いてくれます。
　怒って指導したときとは，その効果が雲泥の差となって表れます。

笑いの句　3〜6歳

 牛乳飲んだら大きくなった

> 　牛乳をひと口も飲まない子どもや，残そうとする子どもがいるときに使います。その子どもの前にすわり「牛乳を飲むと大きくなるんだよ，見ててね」と言いながら，ひと口飲み，猫背ぎみにしていた姿勢をまっすぐ伸ばすようにし，座高を高くしていきます。「ほらね，大きくなったでしょ！　さあ，飲んでごらん」子どもはその言葉につられ，ひと口は飲むようになります。

ポイント

① 「さあ，先生が飲むから見ててね」と言うときは，座高をできるだけ低くしておき，飲んだあとゆっくりと背筋を伸ばしていくのがコツです。
② 「ずる〜い」「うそだあ」などの言葉が出てきたときは，「じゃあ，もう1度」と言いながら，再び猫背にしておいて，もう1度くり返し，「ほらね」と言います。
③ 子どもはだまされていると知りながら，その楽しさに気持ちがポジティブになり，少しは飲もうとします。そのときは，かかさずほめてあげましょう。

笑顔を誘う指導をしたいときに

笑いのツボ

「確かに大きくなったけど,いま,先生,背中を伸ばしたんでしょ? ずる〜い,でも,ちょっぴり本当のような気も……。僕も飲んでみようっかな。」

笑いの旬 3〜7歳

 お返事にびっくり!?

> 　出席調べをするとき，元気な返事，大きな声の返事が返ってきたとき，「うわっ！　びっくりした〜」と言うと，言った子どももまわりの子どももみんな笑顔になります。
>
> 　自分も先生に驚いてもらおうと，その次の子どもまでが元気よく返事をするようになるので，そのつど驚いて見せると，あっというまに，全員が元気よく返事をするようになっていきます。

ポイント

① 　次々と元気な返事が返ってきたら，「うわ，またびっくり！」「○ちゃんもいい返事だね〜」と，そのつど，ほめるようにします。
② 　最初，元気のない返事だった子どもも，先生を驚かせたい気持ちになっているので，もう1度呼んであげましょう。さっきとは違う声が聞けるはずです。
③ 　望ましい行動をした子どもがいたときにほめる，というこのやり方は，たとえば，トイレのスリッパを揃えた子が

いたら驚く，号令1回で集まったらほめるなど，他の場面でも応用ができます。

笑いのツボ

「ちょっと大きな声で返事をしただけで，あんなに驚くなんて，先生，おもしろ〜い。でも，僕（私）も驚いてほしいから，自分が呼ばれたら，元気よく返事をしようっと。」

笑いの旬 4～6歳

 プールおにごっこ

> 「は～い，きょうのプールはこれでおしまいで～す。みんな上がりましょう」と言っても，なかなか上がらないときに使います。
>
> 　最後のひと遊びを兼ね，先生と一緒に「プールおにごっこ」をしましょう。「先生にタッチされた子どもから上がりましょう」。大騒ぎで逃げ回るのが大好きなのが子どもなら，つかまるのが大好きなのも子ども。
>
> 　１，２分もあれば，全員をタッチでき，あっというまに全員がプールから上がっています。

ポイント

① 　すぐにタッチされた子どもはかわいそうなので，しばらくは，誰も捕まえずにただ追いかけ回し，逃げる楽しさを全員に味わわせてから，捕まえ始めましょう。

② 　本当にすばしっこい子どもが数人，最後まで残ります。早くつかまってしまった子どもも，その真剣な追いかけっこを見るだけで喜びます。

③ 　つかまっても上がろうとしない子どもがいても無視し，

それ以外の子どもを追いかけます。追いかけてくれないのなら楽しくないので、その子どもはいつのまにか上がっています。

笑いのツボ

「わ～い，プールで先生と鬼ごっこができるなんて，楽しいな。最後のひと遊びができたし，これで心おきなくプールから上がれるよ。」

笑いの旬 3～6歳

 グルグルなでなで

「最後まで頑張った」「お友達に何かを貸してあげることができた」など，子どもが何かほめられるようなことをしたときに使います。

普通に頭をなでる格好をし，手を頭にくっつけたまま，その頭をゆっくり大きく回しながら，「えら～いえら～い」と，動作も言葉も大げさします。

子どもは，そのおもしろいほめられ方に，満面笑顔になって大喜びです。

ポイント

① グルグルと頭ごと回す感じで回しますが，ゆっくり回さないと本当に目が回るので，くれぐれもゆっくり目に回してくださいね。
② そこまでのほめ方をしなくても，頭をなでられる，というのは子どもは大好きです。

子どもをほめるときは，言葉だけではなく，ときには頭を《普通に（笑）》なででほめてやりましょう。
③ 子どもは，ほめられたことは習慣化しやすいものです。

頭をなでるなでないに関係なく，ほめること自体を保育の場面にぜひ増やしてください。

笑顔を誘う指導をしたいときに

笑いのツボ

「あ〜，あ〜，そんなに頭を大きくグルグルまわされると，目が回っちゃうよ〜。でも，先生にほめられちゃった！ 楽しいなあ。うれしいなあ。」

笑いの旬 3〜8歳

34 こっちへおいで！

　変えた髪型をほめてくれた，頼んだ用事を素直にしてくれたなど，何かほめてやりたくなるようなことを子どもがしたとき，「ちょっとこっちへおいで」と言いながら片手を差し出し，いかにも頭をなでる構えをします。
　子どもは「あっ，ほめてくれるんだ」と思い，うれしそうな顔をして，頭をこちらに向けながらやってきます。そのあとは期待通りの「頭なでなで」をしてもらうことで，子どもには2倍の笑顔がやってきます。

ポイント

① 「こっちへおいで」と言うとき，笑顔ではなく，真剣な顔で言って，子どもに，何かな!?　と，少しドキッとさせちゃいましょう。

② 頭をなでるとき，「いい子，いい子〜」と言いながら，そこで初めて笑顔になると，子どものうれしさも倍増します。

③ 普段も子どもは大人からほめられるとき，言葉だけでなく，頭もなでてもらうと，とてもうれしいようです。

笑顔を誘う指導をしたいときに

笑いのツボ

「『こっちへおいで』だって。あっ,わかった,あのポーズは,頭をなでてくれるんだ。ほめられにいっちゃおうっと……。」

笑いの旬 2〜7歳

 仲直りのギュ〜！

　子ども同士の喧嘩（けんか）を仲裁し，仲直りさせたあとに使います。「仲直りできた？　は〜い，じゃあ2人はもう仲良しだからギュ〜」と言いながら，2人を丸ごと抱きしめ，思いっきりギュ〜っとします。
　さっき喧嘩していた2人は，顔を見合わせながら笑い合い，本当にもうすっかり仲良しになっています。

ポイント

① 「ギュッ，ギュッ，ギュッ」と，3回も4回もしつこく抱きしめるのもOKです。子どもは，おしくらまんじゅうのような感触が大好きなのです。

② 2人が笑顔になったあと，半ば強引に手をつながせ，「さあ，このまま一緒に遊んでおいで〜」と言いながら，背中を押すと，2人はそのまま仲良く遊びにいきます。

③ グループで喧嘩していたときも同じ要領で，仲裁をしたあとは，3人4人まとめて「ギュ〜」と，抱きしめてあげましょう。

笑顔を誘う指導をしたいときに

笑いのツボ

「わ〜い,そんなにギュ〜ってしたら,痛いよ〜,ねえ,○○くん。あれ? 僕たち,さっき喧嘩していたんだっけ?」

笑いの旬 4〜7歳

 芝居は終わった!?

　子どもを叱っている最中に「こんなに，叱らなくってもよかったかな」と自己反省するときってありますよね。

　そういうときは，すぐさま笑顔になり，「……って，怒ったら，先生こわいかなあ〜？」と言ってみましょう。子どもは急に笑顔になり，「な〜んだ，うそ怒りだったのかあ」と安心したような顔になります。

ポイント

① 「これって，きっと怒りすぎ」とわかっているのだけれど，収まりがつかなくなってしまったときは，ぜひ使ってほしいと思います。普段はやさしい先生ほど，効果があります。

② 「な〜んだ，そうだったのか」と安心した子どもにも，それまでの言葉はちゃんと届いています。叱った効果は，ちゃんと見られます。

③ 真剣に叱ったときに，「きっとまた……」と思われないよう，使いすぎには注意しましょう。

子どもの気持ち

「先生のさっきの顔，こわかったなあ，でも，あ～よかった，本当に怒っていたんじゃなかったんだ。いつものやさしい先生になってよかったあ。」

笑いの旬 3〜6歳

 寝た子はだれかな？

　お昼寝の時間なのに，布団の中で起きている子どもが多いときに使います。
　「寝た子はだれかなあ？」と言ってから，目をつぶっている子どもの名前を次々に呼びます。「あっ，◎◎くんが寝ています」「あっ，△△ちゃんも寝た！」。
　名前を呼んでもらった子どもは，そのうれしさでニンマリ。布団の中で遊んでいた子どもも，自分も呼んでほしいので，静かに目を閉じていきます。

ポイント

① 「もう眠った子どもはだれかなあ」「あ〜！　◎◎くんも寝ている〜」「みんなえらいなあ」と，まるで独り言を言うような感じで言います。
② たとえそれがウソ寝であっても，目をつぶっていたら，名前を呼んであげます。
　子どもは静かに目をつぶっていると，本当に眠っていきます。
③ 全員が目をつぶったら，「みんなちゃーんと眠ったね。

じゃあ,このまま静かに寝ようね」と言って,静かにしていることをほめてあげましょう。

笑いのツボ

「僕,本当は目をつぶっているだけなのに,寝ていると思って名前を呼んでくれたよ。へへへ,先生をだましちゃった!」

笑いの旬 3〜7歳

 うわ！ 大きくなってる！

> 子どもの身体測定のときに使います。測ったあと，前回の数値と見比べて，「うわ！ ○○ちゃん，△ミリも大きくなったよ！」と驚いてみせます。
>
> 大きくなったと言われた子どもは「ヤッター！」と言いながら，うれしそうな顔をして，ルンルン気分で服を着てくれます。

ポイント

① 身長を計ったときはもちろん，体重を計ったときも，増えた数値を言って，大きくなったことを告げると子どもは喜びます。

② 体重に関しては，前回から減っているときもあります。そのときは「残念！ ○グラム減っちゃった」といかにも残念そうに言うと，それはそれで楽しい雰囲気が出ます。

③ もしも身長が減っていれば，前回の測り方が悪かったからです。そのときは，記録を1ミリ増やしておき，子どもには「1ミリ大きくなっているよ」と言うと，子どもも喜びます。

笑顔を誘う指導をしたいときに

笑いのツボ

「ヤッター，また大きくなった（らしい）ぞ。身体測定が，毎月，楽しみになってきちゃった！」

笑いの旬 1〜3歳

 おしっこ超特急！

　そろそろ出るはずだから、トイレにいかせようと思っても、子どもが嫌がるときに使います。
　突然、子どもを小脇に抱え、「おしっこ超特急！」と言いながらトイレの中まで突進し、ズボンを脱がせてやると……「ジャ〜！」。
　子どもは抱えられたときから大喜びで、おしっこが出て、ほめられたら、またまた大喜びです。

ポイント

① 1〜3歳の小さな子どもは「おしっこは？」と聞かれて「ある」と答えことはめったになく、もう出る直前でも、聞かれると必ず「ない」と言います。でもそんなときは、いくと出るのです（笑）。

② 個々の子どもの、おしっこのタイミングがわかっている先生だけが使える遊びです。本当になさそうなときにまで、無理に連れていかないようにしましょう。

③ 普段、誘ってもいきたがらないときは、子どもはトイレ（できたら便器）まで、やさしく手をつないでついていっ

てやると，素直にいくことが多いものです。

笑いのツボ

「突然，抱っこされたまま走られちゃって，楽しかったけど，おしっこなんか，ないって言ったのにィ！」《ジャ〜》「あれ？　出ちゃった。」

お笑いが大好きな先生に

　ちょっとした，お笑いのノリのある先生ならばできるネタです。恥ずかしがり屋の先生もだいじょうぶ。
　人は親友や同僚の前では，それこそお笑いのノリで，いつも冗談を言い合っています。そのキャラを，子どもたちの前で出せばいいだけなのです。

笑いの旬　4〜8歳

 **早く読んで〜!?**

　絵本や紙芝居を読むとき,「むか〜し,むか〜〜し,あ〜る〜と〜こ〜ろ〜……」と,わざとゆっくり読み始めます。誰かが「もっと早く読んで」と言ってきたら,「オジイサントオバアサンガイマシタオジイサンハヤマヘ×●△◎※○□？………」と,超早口で読みます。「もっとゆっくり！」と言ったら,「し〜ば〜か〜り〜に〜」と,ふたたびゆっくり読みます。

ポイント

① 　子どもが「（もっと）早く読んで」と言ってきたとき,「OK，OK！　じゃあ早く読むね」といかにも子どもの要求に答えるかのように言ったり,「え〜？　ゆっくりがいいの？」と念を押すように言ってから読むと, よりおもしろさがふくらみます。

② 　何回かくり返すと,子どもは必ず「普通に読んで」と言ってきます。
　　そこで初めて普通に読みます。それを待っていただけに, 普段より集中して見てくれます。

③ いったん普通に読み始めたなら，たとえ子どもが望んでも，もう一切ふざけません。

笑いのツボ

「遅すぎるから《早く読んで》と言ったのに，それじゃあ早すぎるよ。あぁ，今度はゆっくりすぎる……，先生わかっちゃいないんだなあ。」

笑いの句　4〜7歳

 走ったらダメ！

　食事前など，手洗い場に向かおうとする子どもに，「はいはい，早く洗ってきてちょうだ〜い」と言いながら，まるでプロレスで相手をロープに振るような感じで，子どもの背中を押し，手洗い場まで小走りでいかせます。そのあと，すかさず「ちょっとぉ，○○ちゃん，お部屋の中，走ったらダメでしょ！」と叱ります。
　子どもは笑顔で振り返り，先生に文句を言いながら，手を洗います。

ポイント

①　子どもの片腕を持ち，子どもの背中に片手を当て，上手に勢いをつけながら，背中を押します。

②　子どもが転ぶほどの勢いはつけないようにしましょう。

③　子どもが走ったあと，いかにも真剣に怒っているような感じで言うと，楽しさが増します。

お笑いが大好きな先生に

笑いのツボ

「走るつもりなんてなかったのに，先生が背中を押したから，走ってしまったじゃないの。なのに，走っちゃダメ！ なんてひっど〜い！ でも，おもしろかったあ。」

笑いの旬 3〜6歳

トイレに流されちゃった⁉

　「先生，○○先生知らない？」などと，子どもからたずねねられたときに使います。

　「あのねえ……，○○先生はねえ……，さっきねえ……，トイレにはまってねえ……。ジャー！　っと，流されちゃったあ！」と悲しそうに言います。

　それを聞いて，年少児はあわててトイレを見にいく，年中児はニヤニヤしながらウッソ〜？　と半信半疑，年長児はまたまた冗談を！　と余裕の笑顔を見せるなど，年齢によって違うリアクションが返ってくるのも楽しいところです。

ポイント

① いつになく真剣な顔で，いかにも残念そうに，ゆっくり目に話し，「ジャー！」を，大げさに言いましょう。

② やや大げさに，泣くような感じで言うと，フィクション性が強調されておもしろくなります。

③ 本当にトイレまで確認しにいった子どもには，「ね，もう流されちゃっていなかったでしょ」で決まりです。

お笑いが大好きな先生に

笑いのツボ

「先生が真剣な顔で言うから，こっちも真剣に聞いていたら，トイレにはまって流されたなんて，ウソに決まってるでしょ！ でも，最初は，ちょっとだけ信じちゃったよ。」

笑いの旬 3〜8歳

 閉まらない扉

　少し勢いよく閉めたら，また開いてしまうような戸や扉があったときに使います。
　閉めたあと，即座に子どもたちの方を向くと，子どもは開いたその戸を見て，「先生，また開いたよ〜」と必ず言います。そこで，振り向き「今度はちゃんと閉まりますように」と言いながら閉め，すぐに子どもの方を向きます。子どもたちは笑いながら「また開いたよ〜」と教えてくれます。「え〜またあ？」と言って，今度は「もう，開いたらダメですよ〜」と，戸に向かって言いながら……，を何度もくり返します。

ポイント

① 「扉が再び開く瞬間を見ていないのは先生だけ」となるよう，閉めた直後，すぐに子どもの方を向くのがポイントです。
② 子どもに言われて振り向き，そのつど，大げさに驚いて見せると，そのリアクションにも笑いが起こります。
③ 観音開きになっている扉などは，閉め方を甘くすると，

片面の扉を閉めたとき，その風の勢いでもう片方が開くことが多いので，ぜひやってみてください。

笑いのツボ

「先生が閉めたのに，あの扉，なぜか先生がこっちを向いたときに，勝手に開いちゃうよ。先生ったら，扉に文句言ってるよ。それでも，また開いちゃうんだよね。おっもしろいなあ。」

笑いの旬 1〜5歳

 こんにちは……, あっ落ちた！

　たたんだハンカチやタオルなどを頭の上に乗せ，そのまま「みなさん，こんにちは」と言いながら，お辞儀をします。
　ハンカチやタオルが落ちたら，「あっ，落ちたあ」と言って驚いて見せます。たったそれけで，子どもは大笑い。同じことを続けて10回やると，10回とも大笑いします。小さな子どもは，ものが落ちるのを見るのが大好きなのです。

ポイント

① 頭の上に乗せるものは，小さなブロック，人形など，落ちても大丈夫なものなら，何でもOK。子どもはすべて大笑いします。
② 何度も行うときは，たとえば「笑ってくれてありがとう」と言いながらお辞儀するなど，言葉を変えてやってみましょう。
③ 必ず子どももやりたがるので，自分のタオルやハンカチでさせてやりましょう。

お笑いが大好きな先生に

笑いのツボ

「先生が頭の上に乗せたハンカチが、お辞儀をしたから落ちちゃったぁ。おっかしいなぁ。あ、もう1回するぞ！ ハハハ……また落ちたあ〜。」

笑いの句 2〜6歳

ポーン……，あイタッ！

　ゴムボールに，サッカーボール，テニスボールにドッジボール，ボールならなんでもOK。子どもの前で，ポーンと真上に放り投げ，上手にキャッチすると見せかけて……，ポンっ！　頭（おでこ）に命中！「あイタッ！」。
　たったこれだけで，子どもは大爆笑。「ようし，今度こそ」と言いながら，もう1度放り投げ，今度こそキャッチと思わせておいて，またまた頭に命中。「あイタッ！おかしいなあ」。子どもはもう笑いがとまりません。

ポイント

① 脳天に命中しても痛くない硬さ（柔らかさ）のボールで行いましょう。
② わざとらしくないようにするため，手はまさにキャッチする格好をしながら，即座にボールの落下の真下に入っておくのがポイントです。
③ ボールの高さは2メートルくらいから始め，慣れたら子どもが落下を見届けやすい5メートルくらいの高さまで，放り投げましょう。

お笑いが大好きな先生に

笑いのツボ

「先生のことだからうまくキャッチすると思ったら，ハハハ，頭に当たったよ。先生，ヘタだなあ……。あっ，もう1度投げた……，あっ，今度はおでこに命中。おもしろいなあ……。」

笑いの旬 3〜6歳

 ゴンッ！ あイタッ！

　「あ〜，疲れたあ」と言いながら，壁にもたれるような格好をし，そのまま，頭だけを壁にゴンッ！「あイタタタ……！」と言いながら頭をさする真似をすると，子どもはもう大笑い。ぶつかってもノーリアクションでいたなら笑わないのに，「あイタタタ……」と言ったり打った頭をさすると笑う子どもたち。子どもは大人のそんなリアクションが楽しいようです。

ポイント

① 頭を打っても痛くない程度の勢いでぶつかっていきますが，ゴンッ！　と少しでも音がするくらいの勢いをつけた方が，リアルさが増します。

② 「あイタタタ……」と言いながら，打った頭をさする真似をすると楽しさが倍増し，その面白さに子どもはまた大笑いします。

② 真似をしようとする子どもも出てきますが，子どもは大人よりも上手に，痛くないように慎重にスピード調節しますので，安心して（笑），真似をさせてやってください。

お笑いが大好きな先生に

笑いのツボ

「《疲れた〜》と言って壁にもたれようとするから、てっきり体が壁につくのかと思ったら、そのまま、頭をぶつけちゃったよ。先生ったら、おもしろいなぁ。」

笑いの旬 3〜7歳

 どんな匂いかな？

　散歩の道中で摘んだ草や葉，ちょっと珍しいものなどを見つけたとき，「どんな匂いがするかな？」と言いながら鼻に近づけ，真剣な顔で匂いを確かめたあと，困った顔で「クッサ〜ィ！」。

　これだけで，子どもは大笑い。関西圏の先生なら，関西弁で，「クッサ〜！」で決まりです。標準語で言うのとは，比べ物にならない大爆笑が起こります。

ポイント

① さもいい香りを期待するかのように，笑みをたたえ，かつ真剣な感じで行うと，そのあとの言葉とのギャップが生まれて，楽しくなります。

② そう言ったあとそれを子どもの鼻に近づけ，「どんな匂いかな？」と言うと，子どもは笑いながら逃げていきます。

③ 本当はいい香りがするものには，「実はウソでした〜」と言って，本当はいい匂いのすることを，ちゃんと伝えてあげましょう。

お笑いが大好きな先生に

笑いのツボ

「どんな匂いがするのか、ワクワクして先生の感想を聞いていたら、〈クッサ〜ィ〉だってえ。おっもしろいなあ。だったら、しなければよかったね、先生。」

笑いの旬　3〜6歳

 ○○ちゃんは，いずこ？

　ある子どもに用があって呼ぼうとしたら，その子どもが，その場にいなかったときに使います。
　「○○ちゃん，いませんか〜」と，言いながら，ロッカーの中を開けたり，ゴミ箱の中を覗いたり……，「あれえ，ここにもいな〜い」まさに漫才の「ボケ」そのもののその姿に子どもたちは大笑いです。

ポイント

①　とんでもないところを，開けたり，覗いたりするたびに「おーい」と言ったり，「あれえ，ここにもいないなあ」と独り言のように言ったりすると，面白さが増します。

②　筆箱，お道具箱，など，小さな容器でもどんどん覗いて探すふりをしましょう。子どもたちがニヤニヤしたり，あきれたりする様子をたっぷりと楽しみましょう。

③　本当に見つかったときは，「な〜んだ，こんなところにいたの！」と，みんなが聞こえるくらい，大きな声で言うと，それがまた楽しいオチになります。

お笑いが大好きな先生に

笑いのツボ

「○○ちゃんを探しているのはわかるけれど、そんな狭いところにいるわけがないじゃん。先生ったらおもしろいところを探すんだなあ。」

笑いの旬 3〜10歳

 首おばけ〜!?

部屋の仕切りを兼ねたカーテンや，暗幕があるときには，ぜひやってみてください。2枚のカーテンで全身を隠し，その間から首から上を，ニュッと出します。
「首おばけだよ〜」と言いながら，カーテンは閉じたまま，その後ろで立ったりしゃがんだりすると……。
子どもから見ると，先生の生首だけが上下するように見え，子どもたちは大喜びです。

ポイント

①　カーテンを引っ張りすぎて，先生がカーテンをこわさないよう，くれぐれもご注意願います。
②　「首おばけ〜」と言いながら，顔は無表情を装うと，怖さと楽しさが倍増します。
③　子どもたちは，必ずカーテンの後ろを，見にこようとします。そのときもおばけのような声で「来たらだめ〜」。子どもにバレてしまったら「み・た・な〜？」と睨みながら言いましょう。子どもは笑うだけですが。

お笑いが大好きな先生に

笑いのツボ

「あはは,本当におばけみたいだ。でも,どうやってしているのかな？ なんか不思議。カーテンの後ろ見てみたいな。」

笑いの旬 3〜7歳

 だれのウンチ!?

　子どもたちと散歩中，犬のウンチを見つけたときに使います。立ち止まって，子どもたちの方を向き，怒ったような顔で，「だ～れ！　こんなところでウンチをしたのは」などと言います。
　子どもたちは笑いながらも，「僕たちじゃないよ～，犬だよ」と真面目な返事を返してくれます。

ポイント

① 　決して笑わず，真面目な顔で言えば言うほど，おもしろさが増します。

② 　子どもたちが「違うよ～」「犬だよ～」と言ってきても，「本当のことを言いなさい！」「今なら許してあげます！」などと，しつこく言い続けると，おもしろさが続きます。

③ 　オチは「な～んだそうだったの，ああ，よかった」で，決まりです。

お笑いが大好きな先生に

笑いのツボ

「だれが見ても犬のウンチなのに，先生ったら，僕たちがしたと思っているよ。するわけないじゃん。でも，本当にそう思っていたのかなあ？」

著者紹介

原坂一郎

1956年神戸市生まれ。現在，KANSAIこども研究所所長，日本笑い学会理事。関西国際大学教育学部非常勤講師。

関西大学社会学部卒業後，独学で保育士の資格を取得。神戸市における23年間，計6ヵ所の保育所勤務を経て，2004年より「こどもコンサルタント」として，子どもおよび子育てに関するさまざまな研究・執筆・講演を全国で展開中。笑いと笑顔をキーワードに，数々の保育技術をあみだし，メディアからは「スーパー保育士」と呼ばれていた。「日本一の怪獣博士」としても知られ「マツコの知らない世界」（TBS）にも出演，幼少の頃から集めた資料約5000点が，自身の研究所2階の「怪獣ミュージアム」に展示されている。

著書に，『子どもがふりむく子育てのスーパーテク43』（中経出版），『原坂一郎の幼稚園・保育園のクラスづくりスタートダッシュ』（黎明書房），『保護者とうまくいく方法』（ひかりのくに），『言うこと聞かない！落ち着きない！男の子のしつけに悩んだら読む本』（すばる舎），『大特撮』（有文社・共著）など多数。

〈問合せ先〉

KANSAIこども研究所

〒657-0825　神戸市灘区中原通5-2-3
TEL：078-881-0152　FAX：078-959-8525
http://harasaka.com/

新装版　子どもが笑う！　クラスが笑う！　保育のお笑いネタ50

2019年2月25日　初版発行

著　者　原　坂　一　郎
発行者　武　馬　久仁裕
印　刷　藤原印刷株式会社
製　本　協栄製本工業株式会社

発行所　株式会社　黎明書房

〒460-0002 名古屋市中区丸の内3-6-27 EBSビル ☎052-962-3045
振替・00880-1-59001 FAX 052-951-9065
〒101-0051 東京連絡所・千代田区神田神保町1-32-2 南部ビル302号
☎03-3268-3470

落丁本・乱丁本はお取替します。　　　　　　　　ISBN978-4-654-06101-3
Ⓒ I. Harasaka 2019, Printed in Japan

原坂一郎著　　　　　　　　　　　　　　　Ａ５・110頁　1600円
原坂一郎の幼稚園・保育園の
クラスづくりスタートダッシュ
新年度のスタートをうまく乗り切り，誰もが望むすばらしいクラスをつくるノウハウを公開。これで，あなたのクラスづくりは成功間違いなし！

くらき永田保育園監修　鈴木八朗著　　　　Ａ５・96頁　1574円
40のサインでわかる乳幼児の発達
0・1・2歳児が生活面で自立する保育の進め方
子どもが発するサインを見逃さず，一人ひとりの成長に合わせた介助や見守り方をするための保育者の基本の心構えと食事，着脱，清潔・排泄の保育のコツ。

中辻祥代著　　　　　　　　　　　　　　　Ａ５・96頁　1574円
子どもが変わる！　愛情保育35のメソッド
落ち着かない，元気がない，依存度が高い子どもが，短期間でみるみる落ち着き，元気がよくなり，自分で考え行動するようになる環境，保育者の対応のあり方を公開。子どもも親も保育者もハッピーになれる保育！

東間掬子著　　　　　　　　　　　　　　　Ａ５・96頁　1574円
乳幼児がぐんぐん伸びる幼稚園・保育園の
遊び環境25の原則 付・子どもの遊びを支える保育者6の鉄則
狭い園舎でも，狭い園庭でも，予算がなくても大丈夫！　子どもの自立・協同・創造性を育む園での合理的な遊び環境の整え方を写真とイラストで紹介。

こんぺいとぷらねっと編著　　　　　　　　Ａ５・96頁　1600円
忙しい保育者のための仕事術・時間術38の鉄則
忙しい保育者が日常業務を効率よくこなし，時間的余裕を生み出し，自己を高め，子どもたちに力が注げるようになる仕事術・時間術を紹介。「マイメモ」などコピーして使えるお役立ちフォーマット付き。

駒井美智子著　　　　　　　　　　　　　　Ａ５・96頁　1600円
発達段階をふまえた乳幼児との会話法32
0～5歳児の会話力・生きる力・考える力を育て育む保育
「言葉による伝え合い」（会話）のスキルを，保育者がどのように育て育んでいったらよいかを，0～5歳児の発達段階をふまえ，わかりやすく紹介。

豊田君夫原作　グループこんぺいと構成　　Ａ５・94頁　1545円
マンガでわかる保育の禁句・保育の名句
『これだけは知っておきたい保育の禁句・保育の名句』が，見てすぐわかるマンガに！「自分勝手なことをしないの」「だめ，だめ，だめ」など，子どもを傷つけ，成長を阻害する保育の場で使われがちな禁句44を厳選し事例を交え詳述。

＊表示価格は本体価格です。別途消費税がかかります。

■ホームページでは，新刊案内など小社刊行物の詳細な情報を提供しております。「総合目録」もダウンロードできます。　　http://www.reimei-shobo.com/